SOUS LA COMMUNE

(M. l'Abbé PLANCHAT)

Par le Comte de LAMBEL

Ouvrage illustré de gravures

PARIS
rue des Saints-Pères, 30
LEFORT, IMPRIMEUR, ÉDITEUR
rue Charles de Muyssart, 24
LILLE

SOUS
LA COMMUNE

In-12. 4ᵉ série.

Dès qu'il put sortir, il alla visiter toutes les familles de ses patronnés.

SOUS LA COMMUNE

(M. l'Abbé PLANCHAT)

Par le Comte de LAMBEL

Ouvrage orné de gravures.

PARIS
rue des Saints-Pères, 30

J. LEFORT, IMPRIMEUR, ÉDITEUR
rue Charles de Muyssart, 24

LILLE

Propriété et droit de traduction réservés.

PRÉFACE

Mr Maurice Meignen (1), premier assistant laïque du Supérieur général des Frères de Saint-Vincent de Paul, publiait, en 1871, une vie très édifiante de M. l'abbé Planchat. Parvenue à sa septième édition, elle est aussi complète que possible, et fait bien connaître celui qu'on a surnommé le prêtre du peuple. Mais l'ouvrage est trop important pour être répandu à profusion dans les patronages et au

---

(1) M. Meignen est sorti de ce monde en 1890, pour aller recevoir sa récompense.

sein des œuvres ouvrières, très intéressés à connaître celui dont il raconte l'histoire.

Cette modeste biographie a été écrite pour atteindre ce but très désirable de propagande. Si le Seigneur daignait bénir nos efforts, nous lui en rendrions mille actions de grâces.

SOUS LA COMMUNE

CHAPITRE PREMIER

Naissance, famille, enfance, éducation d'Henri Planchat.

Le 2 Novembre 1823, à Bourbon-Vendée, naissait un enfant qui ne devait pas arriver à la vieillesse, mais qui, pendant son passage sur la terre, sut acquérir les mérites d'une longue vie. Après s'être entièrement consacré au soulagement des pauvres, à l'instruction des apprentis, à leur persévérance, au salut des ouvriers, il était destiné à recevoir la glorieuse couronne du martyre. Cet enfant s'appelait Marie-Mathieu-Henri Planchat.

Son grand-père, qui nourrissait sa famille du produit de son travail, possédait la vraie richesse, c'est-à-dire le trésor de la foi. Aussi éleva-t-il très chrétiennement ses enfants. Il aimait à faire le bien, et ne négligeait aucune occasion de l'accomplir. Pendant la première Révolution, il parvint à sauver la vie de quatorze prêtres persécutés. Avant tout, il travaillait à gagner le ciel. La Providence, qui ne se laisse jamais vaincre en générosité, lui donna le reste par surcroît.

L'un des prêtres, qu'il avait conservés à l'Église, M. l'abbé Rocher, désireux de lui témoigner sa reconnaissance, lui concilia, sous la restauration, la sympathie du duc Mathieu de Montmorency, vaillant chrétien qui devait mourir subitement quelques années plus tard, en odeur de sainteté, après de longues heures consacrées à la visite et au soulagement des malades de l'Hôtel-Dieu de Paris. Avant d'aller recevoir sa récompense, il avait suscité des protecteurs à M. Planchat, et spécialement à l'un de ses fils, qui, après de bonnes études, entra dans la magistrature, débuta par une justice de paix, devint juge au tribunal de première instance, puis conseiller à la cour royale.

Il épousa une femme dont la vertu égalait la sienne; deux de ses filles furent religieuses et l'un de ses deux fils est celui dont nous allons esquisser la biographie.

La piété entra de bonne heure dans l'âme du petit Henri. Dès son enfance, il se plaisait à fréquenter l'église, et il s'y tenait avec recueillement. Il regardait comme une récompense d'y être conduit par ses parents, et d'y faire avec eux le chemin de la Croix. On obtenait tout de lui, dit l'une de ses sœurs, en lui promettant une visite au Saint-Sacrement, ou en le menaçant de l'en priver. Il trouvait son bonheur à étudier le catéchisme, à le réciter, et à écouter les explications de sa mère.

Ses parents, charmés de lui voir des dispositions si religieuses, travaillaient à les fortifier. Tout dans leurs conseils et leurs exemples concourait à ce but. Pendant leur séjour à Chartres, ils avaient de temps à autre l'honneur de la visite de l'évêque, Mgr du Clozel. Henri était alors admis à recevoir la bénédiction de Sa Grandeur qui aimait à l'interroger et à recueillir ses réponses. Un jour, l'enfant qui chérissait tous les siens, lui dit avec une simplicité pleine de respect : « Monseigneur, permettez-moi d'aller appeler une de mes sœurs qui est à la maison; elle est bien gentille. Un mot de vous sera pour elle un précieux encouragement qu'elle se gardera d'oublier. »

Très jeune encore, il était déjà compatissant pour les pauvres ; il ne pouvait pas les voir sans leur faire l'aumône et il aimait à se priver, pour pouvoir leur offrir de petites douceurs. Il avait coutume de mettre dans sa poche, sans qu'on s'en aperçût, tout ou partie de ses desserts ; il les portait ensuite dans un tiroir de son bureau pour les donner aux malheureux. Un jour, sa plus petite sœur, un peu curieuse, ouvrit ce tiroir, y découvrit la provision, et ne se fit pas scrupule d'y puiser pour son goûter. A ce moment, Henri entra dans sa chambre. Après un mouvement d'impatience vite réprimé, il dit à l'enfant : « Écoute, ma sœur, j'avais mis de côté mes desserts pour les porter aux indigents ; mais tu aimes aussi les pauvres, et je t'engage à faire comme moi. Nous avons ce qu'il nous faut, nous, et eux ont tant de privations à supporter ! D'ailleurs, tu le sais, ce qu'on offre aux pauvres, on le donne au bon Dieu. »

L'enfant promit et tint parole. C'est ainsi que Henri Planchat s'habituait de bonne heure à plaider la cause des malheureux qui devaient trouver en lui un si généreux défenseur.

Longtemps avant sa première communion, il éprouvait un vif désir de posséder Dieu, et il aspirait au jour où il lui serait donné de le recevoir dans son cœur. A mesure qu'il approchait de cette date bénie, il demandait à se confesser plus souvent, afin d'augmenter la pureté de son âme. Il fit à Lille sa première communion, et ses parents demandèrent pour lui aux Frères des Écoles Chrétiennes l'autorisation de suivre la retraite préparatoire, prêchée pour les élèves de ces religieux. — Selon leur témoignage, Henri y fut si modeste et si attentif, qu'il leur semblait un ange de bénédiction. Son exemple, disaient-ils, a fait plus que nos conseils pour le succès de nos exercices.

On remarquait son assiduité aux saluts du Très Saint Sacrement, aux visites rendues pendant la journée à Notre-Seigneur, sa joie quand il était appelé à l'honneur de servir la messe, puis sa dévotion envers saint Joseph, dont l'intercession lui inspirait grande confiance, et sa piété filiale pour la sainte Vierge, qu'il s'efforçait d'honorer en imitant ses vertus. Quand il passait devant une de ses statues, il en baisait les pieds avec vénération; quand il allait à la campagne, il y cueillait des fleurs pour les déposer sur son autel. S'il faisait une grande promenade avec ses parents, il leur demandait de se diriger vers une église de village, afin d'y visiter le divin Maître, trop souvent solitaire.

Bientôt la pensée de la présence de Dieu

lui devint habituelle. Les beautés de la nature lui rappelaient les bienfaits, la bonté infinie du Créateur. Son désir de recevoir Jésus-Christ dans son cœur devint si ardent qu'il ne tarda pas à obtenir la permission de communier trois fois par semaine.

Sa famille allait à la campagne pendant les vacances. Il l'accompagnait, et s'intéressait aux travaux des champs. Il se plaisait à rendre service aux ouvriers. Si leur charge était trop lourde pour des épaules affaiblies par l'âge, il voulait porter une partie du fardeau. S'il voyait un homme fatigué, il lui conseillait de se reposer un peu et prenait sa place au travail. A la moisson, il allait glaner pour les pauvres, et disait aux faucilleurs : « je vous en prie, laissez un peu plus d'épis pour ceux qui manquent de pain. »

Enfin, il réunissait les enfants, et leur enseignait le signe de la Croix, les prières et les principaux mystères de la religion.

Il avait l'amour de la vérité, et ne se permettait pas le plus léger mensonge. Quand il était interrogé, il répondait avec la plus complète sincérité, même quand il voyait que sa franchise allait l'exposer à une réprimande. Plusieurs fois il se laissa punir pour des fautes qu'il n'avait pas commises, dans la crainte que le coupable fût découvert, et fît un mensonge pour s'excuser.

CHAPITRE II

Études littéraires de l'abbé Planchat. — Ses cours de droit. — Ses cours de théologie. — Son ordination. — Son entrée dans la Congrégation des Frères de Saint-Vincent-de-Paul. — OEuvres à Grenelle et à Montmartre.

A quatorze ans, Henri Planchat dut renoncer aux douceurs de la vie de famille qu'il affectionnait singulièrement, pour aller à Paris et entrer au collège Stanislas. Il y resta trois ans et termina ses études classiques à Vaugirard, dans l'Institution Poiloup, devenue plus tard le collège des Pères Jésuites. Il travailla beaucoup, mit à profit son heureuse mémoire, son intelligence ouverte, et eut des succès sérieux dans ses classes. Un jour, après une distribution de prix, comme on lui demandait combien il en avait obtenus — sept, répondit-il, avec modestie. — Un camarade présent s'empressa d'ajouter :

— Ce sont sept premiers prix, et dans le nombre se trouve celui d'excellence.

Alors Henri reprit :

— Le second élève était aussi fort que moi, il a eu quelques distractions qui m'ont placé avant lui.

Ses maîtres étaient unanimes pour rendre témoignage à ses excellentes qualités. Ses condisciples ne les appréciaient pas toujours à leur valeur, parce qu'il avait des manières un peu étranges, et une certaine irritabilité de caractère qui diminuaient l'agrément de ses relations. Il le savait, travaillait à se corriger, et puisait des occasions de mérites dans ses imperfections.

Une fois reçu bachelier ès-lettres, il

demeura trois ans encore chez M. l'abbé Poiloup, pour faire son droit. Il suivait les cours de la faculté, présidait une étude dont il avait accepté la surveillance, et donnait ensuite tout le temps dont il pouvait disposer aux pauvres, qu'il visitait comme membre d'une conférence de Saint-Vincent-de-Paul. Il dirigeait une bibliothèque populaire fondée à Vaugirard. Il partageait ses dimanches entre sa paroisse et un patronage d'apprentis organisé rue du Regard ; il les terminait par l'assistance aux offices de l'Archiconfrérie, très florissante à Notre-Dame-des-Victoires. Ce fut ce patronage qui le mit en relations avec la communauté naissante des Frères de Saint-Vincent-de-Paul.

Quand il fut reçu licencié, son honorable père aurait pu lui ménager une belle carrière dans la magistrature ou dans le barreau ; mais il a prié, il a étudié sa vocation, il a reconnu que Dieu l'appelait au sacerdoce pour se vouer au salut des ouvriers, et, renonçant à tout avenir humain, il entrait au séminaire de Saint-Sulpice avec la bénédiction de ses pieux parents. Il fut bientôt un séminariste modèle, et ne tarda pas à se distinguer par sa ferveur. Comment en pouvait-il être autrement de la part d'un jeune homme qui, avant son admission aux études théologiques écrivait, après ses confessions hebdomadaires, les résolutions les plus édifiantes. Nous n'en citerons qu'un seul passage : il nous suffira pour nous faire comprendre l'élévation et la pureté de ses sentiments.

« Je dois me proposer, dit-il, d'imiter la vie de Jésus-Christ, d'acquérir les vertus qu'il a pratiquées, et d'y faire chaque jour des progrès. Quelle humilité profonde dans Notre-Seigneur ! Quelle charité infinie, quelle douceur et quelle fermeté tout ensemble ! C'est surtout l'union si parfaite de ces deux vertus que je dois m'efforcer de reproduire. Il passa toute sa vie avec des ignorants et avec des pêcheurs. Quelle patience pour supporter leur grossièreté, leurs défauts : quelle douceur tout en les reprenant et en les corrigeant.... Le Seigneur ne me manquera pas, surtout si je suis entièrement dépouillé de l'amour-propre.... »

Ordonné prêtre le 22 décembre 1850, il disait sa première messe le 23. Le 24, il entrait dans l'humble communauté des Frères de Saint-Vincent-de-Paul pour s'y consacrer entièrement, selon son vœu le plus cher, au service des pauvres, des orphelins, des apprentis et des ouvriers. Cette congrégation naissante, fondée depuis peu d'années par le vénérable M. Le Prévost, ne comptait encore que quatre membres. Elle se proposait les œuvres auxquelles l'abbé Planchat voulait se dévouer, et il était le premier prêtre qui lui demandât son admission.

Elle avait fondé à Grenelle une conférence, une bibliothèque, un patronage, un catéchisme pour la première communion des adultes attardés, et un fourneau économique. L'abbé Planchat devint l'âme de toutes ces œuvres. Il sut exercer la plus salutaire influence sur les populations ouvrières, attirées à Grenelle par les importantes usines qui s'y trouvaient organisées. « Ces ouvriers, dit M. Meignen (1), prétendaient qu'ils ne pouvaient aller trouver leur curé à l'église. L'abbé Planchat entreprit d'aller les chercher dans leurs demeures. Il parcourut les plaines du bord de l'eau à peine habitées, et aborda les refuges les plus ignorés. Pauvrement vêtu, comme ceux

---

(1) Voir la très intéressante *Vie de M. Planchat;* par M. Maurice Meignen, 7ᵉ édition. Téqui, 85, rue de Rennes, Paris.

qu'il visitait, souriant, familier, affable, écoutant leurs plaintes, afin de mieux faire entendre ses avis, s'offrant à les assister par des secours et des démarches de tout genre, il fut accueilli comme le prêtre de l'ouvrier. Parfois reçu froidement dans une visite un peu hasardée, il ne se rebutait pas ; les médailles, les images, les petits livres, dont il était largement pourvu, distribués aux enfants, finissaient par lui ouvrir les portes. Presque toujours ses démarches obtenaient des résultats notables, et souvent d'admirables fruits. Une conversion en décidait une autre. Un seul mariage civil, qu'il s'efforçait de faire bénir, lui en amenait une demi-douzaine. Aussi avait-il constamment plus de cent mariages en instance, à la société de Saint-François-Régis. La première communion tardive d'un jeune ouvrier de fabrique lui procurait l'occasion de faire faire leurs

Pâques à tous les parents, ou de confesser un aïeul en retard de quarante à cinquante ans. Ainsi les diverses œuvres, commencées par les Frères de Saint-Vincent-de-Paul, fécondées par le zèle du jeune prêtre qui était venu pour prendre rang parmi eux, s'étaient rapidement développées, et avaient obtenu des succès inespérés. L'alliance de ces deux forces, l'initiative laïque et la grâce du ministère ecclésiastique, leur parut dès lors indispensable et voulue de Dieu, pour l'apostolat fructueux des classes ouvrières. Tous ces charitables efforts prospéraient de plus en plus, lorsque le bon Maître, afin sans doute d'éprouver la foi de ses serviteurs, résolut de leur retirer, pour un temps, le secours qu'il leur avait donné, comme pour leur en faire mieux apprécier la valeur. L'abbé Planchat tomba malade. Les fatigues excessives auxquelles son zèle l'avait entraîné, jointes à l'épuisement où l'avait mis la vie sédentaire du séminaire, l'obligèrent à interrompre ses travaux, et il dut aller chercher en Italie force et repos. Ce fut un sacrifice douloureux, pour lui, pour sa communauté, et pour le petit troupeau qu'il avait réuni. Grâce à l'intercession du Bienheureux Père Claver, apôtre des Nègres, pour lequel il professait une grande dévotion, son exil ne dura guère qu'une année. Au mois d'avril 1853, il revenait à Grenelle en bonne santé ; il reprenait son ministère, et il lui donnait un nouvel élan, par l'établissement d'une Sainte-Famille. Bientôt le pasteur de la paroisse lui confiait la direction d'un patronage de jeunes ouvrières, qui, grâce à ses soins, prit des développements considérables. Son action s'étendait aussi sur les familles et sur la jeunesse des deux sexes. »

Chaque dimanche, l'abbé Planchat accablé de travaux, trouvait encore le temps de faire aux associées une instruction simple, aimable, pratique, tout à fait à leur portée, et il présidait une réunion des plus pieuses d'entre elles qui formaient la société du bon conseil : elles apprenaient à faire le bien, en se sanctifiant. Elles visitaient leurs compagnes absentes ou malades, assistaient des femmes âgées, des familles pauvres, et secondaient la directrice dans toutes les fonctions qu'elle confiait à leur zèle. L'abbé Planchat sut leur inspirer l'esprit de saint Vincent de Paul dont il était, lui prêtre, intimement pénétré.

Doué d'assez de science et de talent pour se livrer avec succès au ministère de la parole, il ne prêchait pas dans les églises, il cherchait avant tout les âmes des ouvriers, et il se faisait apôtre à domicile. Il allait de porte en porte, afin de rencontrer chez eux les pauvres pécheurs. Il leur témoignait tant d'intérêt, leur parlait avec tant de charité ; l'amour de Dieu se manifestait si bien dans tous ses discours qu'il les ramenait au bercail du Sauveur. L'histoire des innombrables conversions, obtenues par son zèle, serait bien intéressante, et remplirait des volumes. Beaucoup n'ont laissé de traces, ici-bas, que dans les cœurs reconnaissants qui lui doivent la lumière et la paix. Mais, toutes sont écrites au livre de vie, là où rien ne s'efface de ce qui a été fait en vue de plaire à Dieu.

Parmi les traits échappés à l'oubli, nous en citerons quelques-uns, pour donner une idée de la fécondité dn ministère de l'abbé Planchat.

Une pauvre blanchisseuse, mariée civilement avec un charretier, n'avait pu le décider à recevoir le sacrement, à cause d'une discussion qu'il avait eue avec son pasteur. Cependant l'ouvrière, tourmentée par sa conscience, tombe malade, demande d'abord le saint scapulaire, obtient sa guérison, et vient, un jour de Pâques, se confesser à l'abbé Planchat, dont elle savait la charité. Avant de l'entendre, il lui demande si elle est mariée. Elle fait alors connaître la triste vérité, elle exprime un vif désir de régulariser sa position. Le soir même, l'abbé Planchat était chez l'homme, imbu de préjugés, qu'il fallait éclairer. Cet homme se fait attendre, mais on met le temps à profit en récitant le chapelet pour sa conversion. Dès qu'il est arrivé, la conversation s'engage, se prolonge, et se termine par une bonne promesse. Le ménage reçoit, peu de jours après, la bénédiction nuptiale. Le mari avait oublié les principales vérités et jusqu'à la moitié de ses prières, l'apôtre le catéchise et en fait un chrétien. La femme est devenue zélatrice de la vérité, près de ses compagnes d'atelier.

Par une nuit d'un froid très rigoureux il apprend qu'une batelière se meurt. Vite, il part pour l'administrer, malgré la glace et la neige. Il rentrait à la communauté bien après minuit, amenant avec lui un soldat égaré et un pauvre sans asile, exposés l'un et l'autre à mourir de froid. Il les réchauffe, leur donne à manger et leur procure un abri.

On lui signale un moribond impie. Malgré l'heure avancée de la soirée, il n'hésite pas à partir pour aller à lui ; hélas ! l'entrée du pauvre logis lui est interdite. Ses vives instances n'obtiennent aucun succès. Il est forcé de descendre l'escalier du pécheur endurci. Quelle douleur pour son cœur d'apôtre ! Cependant il ne se décourage pas. Il pense que la vie de cet homme ne peut pas se prolonger. Toutes les portes du voisinage sont fermées ; il fait froid, mais il veut être à portée d'arriver à temps, si le secours d'un prêtre était réclamé. Il s'appuie contre une borne, près de la porte d'entrée et commence la récitation du rosaire. Deux heures plus tard, il était encore là ! Tout à coup il voit sortir une personne bouleversée. C'était une femme qui allait, en grande hâte, chercher un prêtre. Il remonte rapidement l'escalier, confesse, administre le mourant qui, peu d'instants après, va comparaître au tribunal de Dieu.

En rentrant à sa communauté, après des courses si fatigantes, l'abbé Planchat tombait souvent épuisé. Un soir, comme il revenait, n'en pouvant plus de lassitude, il est demandé pour un malade. Il se hâte de partir, accompagné d'un enfant. En chemin, il tombe évanoui dans la rue ; on le transporte dans la maison voisine, et on lui donne quelques soins. A peine revenu à lui, il continue sa course, et ne prend de repos qu'après avoir préparé l'âme qui l'attendait, au grand passage du temps à l'éternité.

Il passa huit années à Grenelle, Dieu seul sait tout le bien qu'il accomplit dans ce quartier ; quelle abondante moisson il lui fut donné d'y recueillir ; et cependant son zèle n'était pas exclusif ; il aimait à s'exercer partout où son concours était sollicité. C'est ainsi qu'il alla prêcher au patronage de Saint-Charles, pour la première communion d'enfants arriérés, une retraite féconde en fruits de salut.

Quand le choléra vint à sévir à Montmartre, il apparut dans le quartier comme un ange consolateur, consacrant le temps disponible de ses journées, ainsi que ses soins à visiter les pauvres cholériques, à les instruire, et à les administrer. A son retour, souvent fort tardif, il trouvait parfois des ouvriers qui l'attendaient, pour mettre ordre aux affaires de leur conscience. Il les accueillait avec affection, restait à leur disposition jusqu'au jour ; il recommençait alors ses occupations ordinaires, sans se donner une heure de repos.

CHAPITRE III

L'abbé Planchat à Metz et à Arras. — Rappelé à Paris, il est aumônier du patronage Sainte-Anne. — Travaux nombreux et féconds.

La Providence conduisit à Metz monsieur Planchat, à l'époque où le charitable abbé Risse venait d'y fonder une œuvre de jeunesse. Il n'avait qu'une soirée à lui donner ; mais elle fut si bien employée qu'en quelques heures il avait obtenu l'adoption de plusieurs moyens utiles pour attirer les enfants, les conserver, les améliorer, entre autres la fondation d'une petite Conférence de Saint-Vincent-de-Paul. Dès le dimanche suivant, on visitait quelques vieillards, on jouait avec plus d'entrain, on priait avec plus de recueillement.

En 1861, l'abbé Planchat fut envoyé par ses supérieurs à Arras, afin de seconder le R. P. Halluin, le créateur d'un grand orphelinat d'apprentis et de jeunes ouvriers, qui travaillaient dans les ateliers de la ville et rentraient le soir à la maison de famille.

« Lorsqu'il vint pour la première fois dans l'orphelinat, dit un témoin oculaire, les enfants descendaient de la chapelle ; les ayant rencontrés en allant faire sa visite au Saint Sacrement, il leur adressa les paroles les plus aimables ; il eut un mot gracieux pour tous ; il se mit à la porte du vestibule ; à mesure que chaque enfant passait, il faisait un signe de croix sur son front, comme pour prendre, en quelque sorte, possession de ces jeunes âmes qui lui étaient confiées.

Il était à Arras depuis quelques mois à

peine, et il connaissait déjà grand nombre de pauvres ; puis toutes les communautés religieuses, beaucoup de prêtres, et plusieurs personnes riches, dans le le but unique de soulager les malheureux. Il avait un don admirable pour amener les orphelins qu'il dirigeait à compatir aux souffrances de plus pauvres qu'eux. Il avait établi dans la maison l'œuvre de la Sainte-Enfance et celle de la Propagation de la Foi.

Un soir, il conduit au souper une jeune femme, entourée d'enfants en bas âge, qui n'avait ni pain, ni abri. Aussitôt tous les orphelins presque en larmes apportent le morceau de pain qui leur était destiné.

Son amour pour les enfants était si grand, et il savait si bien le leur témoigner qu'ils se sentaient attirés et tout à fait à l'aise auprès de lui. Il gagnait vite leur confiance, et s'en servait pour les conduire au bien. A combien de jeunes gens n'a-t-il pas appris à aimer le bon Dieu ! combien de communions ferventes n'a-t-il pas provoquées !... Bon nombre de ceux qu'il a formés ont conservé quelque chose de son ardeur pour le bien.

La chapelle de l'orphelinat ne possédait pas d'image de saint Joseph.

M. Planchat écrivit à une dame généreuse de Paris, afin d'obtenir une aumône qui lui permît d'acheter une statue du Saint si cher à son cœur. La réponse ne se fit pas attendre : elle envoyait la somme désirée, mais la généreuse chrétienne ajoutait qu'ayant été trop souvent quêtée par lui, elle ne pourrait plus rien lui accorder.

L'abbé commence par faire élever une belle statue dans le sanctuaire ; puis il écrit à la bienfaitrice et la remercie, tout en exprimant son chagrin pour la défense qui lui avait été adressée.

Une année environ se passa. Il allait de temps à autre officier dans une des belles églises de la ville, avec quatre orphelins, ses enfants de chœur. Après l'office, il les emmenait souvent se promener aux environs de la ville, récitant son bréviaire, les suivant à quelques pas, et les laissant causer à leur aise.

Or, un jour, une discussion surgit entre les petits camarades.

— Je serai serrurier, dit l'un.

— Moi, menuisier, dit l'autre.

Le troisième ajouta :

— Je ne sais pas encore ce que je ferai ; mais ce que je sais bien, c'est que je ne voudrais pas être prêtre.

— Eh bien, dit le quatrième d'un ton timide, je serais très heureux si je pouvais l'être.

Puis, une petite controverse s'établit entre les deux derniers. L'abbé Planchat assistait muet à cette scène ; mais il n'en perdit pas un mot.

Le quatrième enfant était orphelin et dénué de ressources ; le bon prêtre, après l'avoir bien examiné, lui reconnut des signes de vocation, et chercha les moyens de le mettre à même de faire ses études. Il écrivit à plusieurs personnes riches qui lui envoyèrent des offrandes tout à fait insuffisantes. Il comprit alors qu'il lui fallait une personne assez charitable pour se charger entièrement de l'enfant, et après bien des recherches n'en trouvant pas d'autres, il recourut à la dame qui lui avait expressément recommandé de ne plus s'adresser à elle.

On était au mois de mars. Un matin, M. Planchat appelle l'enfant, le conduit dans la chapelle, au pied de saint Joseph, et lui adresse cette prière :

— Bon saint Joseph, je vous amène cet enfant, pour que vous soyez vous-même son père. Il veut appartenir pour toujours au divin Jésus; l'âme à qui vous devez d'être honoré dans cette chapelle est la seule, à ma connaissance, qui puisse se charger de lui. Quoi qu'elle m'ait défendu de lui rien demander à l'avenir, je lui écris, en la priant d'adopter cet enfant : à vous de changer son cœur et de l'amener à m'exaucer.

Aussitôt il prend la lettre, la dépose dans les bras de saint Joseph, prie pendant quelques instants avec l'enfant, retire la lettre et la met à la poste.

Quelques jours après, il arrivait une réponse ainsi conçue :

— J'adopte l'enfant, à la seule condition qu'il prendra le nom de Joseph à la confirmation.

Dès ce moment, il commença ses études. Il entra plus tard au grand séminaire. Aujourd'hui il est prêtre.

Le mercredi 24, six otages sont immolés, parmi lesquels Mgr Darboy. (p. 97.)

En 1863, l'abbé Planchat, rappelé à Paris, fut nommé aumônier du patronage de Sainte-Anne, fondé récemment à Charonne, en faveur des apprentis et des ouvriers. La maison, où il devait attirer la jeunesse ouvrière, était située à l'extrémité du faubourg Saint-Antoine au milieu de jardins maraîchers, au centre d'un quartier très populeux, dans la rue des Bois, comme on l'appelait alors, et qui se nomme aujourd'hui la *rue Planchat*, pour rappeler le souvenir et perpétuer la reconnaissance dûs à un insigne bienfaiteur. C'est là que, sept ans plus tard, on viendra l'arrêter pour le conduire au martyre.

Mais, quand il prit possession de sa nouvelle charge, l'œuvre en était tout à fait à ses débuts. Elle occupait, dans la rue de la Roquette, le rez-de-chaussée d'une pauvre masure. C'est là que l'abbé Planchat vint pour la première fois visiter les enfants auxquels il allait se dévouer avec tant de cœur. C'était en été. Il s'était fait accompagner d'un grand panier, rempli de fraises de bois. Les enfants furent touchés de son aimable attention. Ils devinèrent vite qu'il était bien bon, et la suite de leurs relations avec lui leur prouva qu'ils ne s'étaient pas trompés.

L'aumônier dirigea l'installation dans le nouveau local, paya largement de sa personne, et passa la nuit, pour préparer ce qui était nécessaire à la bénédiction de la chapelle.

Il avait tout prévu, tout, excepté ce dont il avait besoin pour lui-même. Il ne s'était pas acheté de lit, et pendant plus d'un mois, il coucha sur la toile nue d'un lit de sangle.

Il ne s'en plaignit pas, au contraire. Les occasions de se mortifier lui étaient agréables ; il les saisissait avec empressement.

Dès qu'il put sortir, il alla visiter toutes les familles de ses patronnés, et là il rencontra bien des misères à soulager. Un certain nombre de ménages vivaient dans le désordre ; il réhabilita leur union et parvint à les marier. Les autres étaient si pauvres qu'ils souffraient de la faim ; il se mit à quêter pour leur procurer les secours nécessaires. Il obtint l'abjuration de plusieurs protestants, et convertit des pères de famille qui avaient négligé leurs devoirs religieux depuis l'époque de leur première communion.

Au sein même du patronage, il ne tarda pas à établir l'Archiconfrérie de Notre-Dame-des-Victoires, et à réunir en une autre association les enfants les plus pieux, qui communiquèrent à leurs camarades l'esprit de ferveur dont il les avait animés.

Il sut leur inspirer l'amour de l'Eucharistie, et plusieurs faisaient des actes presque héroïques pour pouvoir communier. Bien souvent, les dimanches, des apprentis, forcés de travailler une partie de la journée restaient à jeun pour venir recevoir le pain des anges à la messe de midi et demi! Il en est qui jeûnaient jusqu'à trois heures.

On en cite un qui se priva de nourriture toute une journée pour pouvoir s'unir à Jésus-Christ.

L'abbé Planchat attirait aussi, dans sa chapelle, les pères de ses apprentis. Il les accueillait avec une singulière bonne grâce, s'intéressait à leurs affaires, aimait à leur rendre service, leur offrait des rafraîchissements, puis il les introduisait dans le sanctuaire, leur donnait une place de choix et les amenait à se confesser. On ne pouvait pas résister à ses instances, tant on sentait qu'elles étaient inspirées par la vraie charité (1).

Les ouvriers italiens, comprenant mal le français, affluaient dans le quartier de Charonne. L'aumônier de Sainte-Anne leur procura le bienfait d'une retraite, pour les préparer à la communion pascale; la première fois, plus de cent d'entre eux accomplirent le devoir du chrétien. Ce succès l'encouragea. La prédication fut renouvelée l'année suivante, et produisit encore plus de fruits. Plus de cinquante enfants, la plupart musiciens ambulants, profitèrent des instructions, ainsi que des jeunes gens partis de l'Italie avant d'avoir été préparés à la première communion.

Pour donner à son œuvre un caractère permanent, il fondait bientôt à la maison

---

(1) Dans ses entretiens avec les ouvriers, il s'attachait à leur faire comprendre qu'une seule chose est nécessaire, c'est de sauver son âme, et qu'on arrive au salut en aimant le bon Dieu. Celui qui prie, disait-il, se sauve; celui qui ne prie pas se perd.

de Sainte-Anne, une sainte famille italienne : elle devint le modèle de deux autres organisées dans divers quartiers de Paris.

Pour des œuvres si multiples, il lui fallait non seulement des ressources matérielles, mais aussi le concours de confrères très actifs. Il les sollicitait avec des instances qui allaient parfois jusqu'à l'importunité. Toujours prêt à obliger son prochain, il se dérangeait à toute heure pour lui faire plaisir. Il se levait plusieurs fois de table pendant ses sobres repas, au risque de les écourter, ou même de s'en passer tout à fait. Ne sachant pas se ménager, il oubliait de ménager ceux dont il réclamait le secours, et dont le zèle n'était pas à la hauteur de son abnégation. Il les surmenait ; quand il s'apercevait de ses indiscrétions, il se confondait en excuses, en regrets, mais il ne formait pas le ferme propos de ne plus recommencer.

Cependant il travaillait avec énergie à se corriger de ses imperfections, de ses légers défauts qui n'étaient guère que l'excès de ses bonnes qualités. Il recommençait souvent son œuvre de répression, de vigilance sur lui-même et accumulait ainsi des trésors pour le ciel. S'il avait eu un mouvement d'impatience, s'il avait prononcé une parole peu obligeante, vite il faisait des excuses, il demandait pardon, même à un pauvre ou à un enfant.

Un jour, par son ardeur excessive, il avait causé bien involontairement une contrariété à M. le curé de Charonne. Le pasteur se rend à la maison de Sainte-Anne pour se plaindre. L'abbé Planchat, informé de sa venue, se hâte d'aller à sa rencontre, se met à genoux devant tout le monde au milieu de la salle du patronage, et s'humilie pour obtenir grâce. Touché de sa déférence, le bon curé oublie son grief;

il lui voua plus d'amitié que jamais, et bénit bien des fois la Providence de l'avoir envoyé dans sa paroisse.

La vie vraiment apostolique de l'abbé Planchat édifiait tous ceux qui le connaissaient.

« Avec quelques âmes comme la sienne, disait un homme de valeur, on transformerait les faubourgs de Paris. »

« Je n'ai pas connu, déclarait M. le Rebours, le vénéré pasteur de La Madeleine, je n'ai pas connu de prêtre à Paris qui ait fait autant de bien aux âmes que l'abbé Planchat. »

Il puisait sa charité pour les hommes dans son amour pour Jésus-Christ, il l'entretenait par l'humilité et les mortifications. Intimement uni à Dieu, il associait dans une heureuse mesure la vie intérieure à la vie active. Il honorait de plus en plus Notre-Seigneur dans la personne des pauvres, des enfants, et il se reprochait de ne pas le faire assez. L'enfant de fabrique, se disait-il, l'apprenti, l'ouvrier me représentent Jésus-Christ dans les diverses phases de sa vie à Nazareth. Je dois revenir plus souvent sur cette pensée. En allant par les rues, à la recherche des ignorants, des pauvres enfants à catéchiser, il faut que je médite, de temps à autre, sur l'enfer, afin de travailler plus généreusement à les préserver d'un pareil châtiment.

Ses lettres à sa famille révèlent combien il était humble. Il aimait à être méconnu, méprisé, accusé pour des fautes qu'il n'avait pas commises. Il fuyait les honneurs, les applaudissements et jusqu'à l'estime des hommes. Pour fortifier ces dispositions si chrétiennes, il marchait sans cesse en la présence de Dieu, faisait souvent des oraisons jaculatoires et travaillait jusqu'à s'exténuer de fatigue. Quand il se sentait sur le point d'être vaincu par le sommeil, au lieu de s'y livrer, il prenait une brosse, et cirait le parquet du Sanctuaire avec tant d'activité qu'il se mettait en nage, et, pendant ce dur travail, il ne cessait pas de prier.

Il se donnait la discipline et portait souvent une ceinture de fer.

Un jour, le frère tailleur lui reprocha d'user, dans ses longues courses, beaucoup plus de vêtements que les autres, et il lui proposa un raccommodage fort incommode ; c'était de garnir ses pantalons de bandes de cuir : « J'y consens, dit l'humble prêtre, ce sera plus conforme à la pauvreté religieuse. »

Au réfectoire, quand il était chargé de faire les parts de chacun, il négligeait la sienne, et se réduisait souvent au pain sec. Il se privait aussi de nourriture pour en donner davantage aux enfants du patronage. Il lui arrivait parfois de jeûner jusqu'à dix heures du soir.

Les dimanches étaient des jours de grands labeurs. Du matin au soir, il s'adonnait aux confessions, aux relations de charité, aux catéchismes, aux instructions et à la distribution des aumônes. Pour stimuler le bon vouloir des enfants, et les exciter à bien apprendre le catéchisme, il faisait de temps à autre une vente d'objets utiles, qu'ils pouvaient acquérir avec leurs bons points.

En semaine, il consacrait ses journées, d'abord à l'accomplissement de ses devoirs religieux, puis aux visites des enfants, des ouvriers, des malades, des pauvres, qu'il honorait comme les membres souffrants du Sauveur. Il travaillait les nuits à son bureau, devant un grand crucifix qu'il regardait souvent avec amour. Sa correspondance était très volumineuse. Aux uns il demandait l'aumône; aux autres il donnait des rendez-vous au patronage ou au confessionnal. Souvent il se privait de tout repos. Un jour (c'était à la fin de l'Avent), il avoua ne s'être pas couché depuis onze nuits.

Plusieurs fois par jour, au milieu de ses rudes travaux, il se bâtissait une sorte de solitude intérieure, par quelques instants de silence et de prière. Il évitait ainsi les fautes d'irréflexion, et se replaçait sous l'œil de Dieu. Le Seigneur me voit, se disait-il, comment oserais-je l'offenser? Il m'entend; comment une parole fâcheuse pourrait-elle sortir de ma bouche? Il est toujours prêt à me secourir; comment pourrais-je me décourager? De moi-même, je ne peux rien, mais avec le divin Maître, je peux ramener les âmes à la vérité.

Selon le principe si bien exprimé par

Bossuet, tout le but de l'homme sur la terre, c'est d'être heureux. Jésus-Christ n'est venu dans le monde que pour nous en donner le moyen. Mettre le bonheur là où il est, c'est la source de tout bien. Le mettre là où il ne faut pas, c'est la source de tout mal. Pénétré de cette vérité, M. l'abbé Planchat s'efforçait de le faire comprendre par les foules ignorantes, abusées, entraînées à leur perte. Il gémissait de leurs souffrances, et il leur démontrait que le seul remède à tant de maux, c'était le retour aux vertus chrétiennes, aux pratiques religieuses. Il commençait par procurer des secours matériels là où ils étaient désirés ; il ne négligeait rien pour améliorer les situations, puis il était plein d'amabilité dans tous ses procédés. Il donnait son cœur pour gagner celui de son prochain. Il était essentiellement bon, et il y avait dans sa bonté une puissance qui attirait à lui ! Aussi résistait-on rarement à l'attrait de son dévouement. Quand il avait fait la conquête d'une âme, elle était toute heureuse, et la joie qu'elle manifestait le dédommageait amplement de toutes les peines qu'il avait prises pour la convertir.

En 1870, après sept années d'un incessant labeur, le patronage de Sainte-Anne était devenu très florissant. Il comptait quatre cents apprentis et jeunes gens assidus aux réunions : plus de cinq cents ouvriers conservaient avec la maison des relations chrétiennes.

Au mois d'avril, une première communion de quatre-vingt-sept jeunes gens, de douze à vingt-deux ans, précédée de plusieurs baptêmes, avait réjoui le zélé directeur qui avait pu leur associer de nombreux parents ramenés, pour cette solennité, à la pratique de leurs devoirs religieux.

En décembre, (même année) cent-vingt-cinq premiers communiants venaient s'agenouiller à la Table sainte, et, dans ce nombre, on comptait quatre personnes de quarante à cinquante ans.

CHAPITRE IV

OEuvres de l'abbé Planchat pendant la guerre — Perquisitions à la maison de Sainte-Anne.

Cependant, entre les deux dates, que nous venons de citer, le fléau de la guerre avait commencé à exercer ses ravages en France; Paris était condamné aux privations d'un long siège, et cette douloureuse épreuve avait inspiré de nouvelles œuvres à l'abbé Planchat.

Les travaux des ateliers d'abord ralentis allaient être complètement suspendus. L'oisiveté, avec son cortège de vices, menaçait de perdre les jeunes ouvriers dont la constante sollicitude de l'abbé Planchat avait obtenu la persévérance. Quant aux gardes nationaux, leur solde quotidienne d'un franc cinquante centimes, dont ils ne rapportaient qu'une partie au ménage, était insuffisante pour en couvrir les dépenses. D'ailleurs, le prix des denrées alimentaires subissait une augmentation qui ajoutait à la misère publique. Mais le dévouement du charitable aumônier semble grandir avec les difficultés que rencontre l'exercice de la charité. Déchargé de Grenelle où il avait encore des fonctions à remplir, il se consacre entièrement à Charonne. Paris est ruiné, investi; la plupart des riches qui l'habitent se sont éloignés. Cependant il se met à quêter pour son quartier, et, en quelque temps, il réunit vingt mille francs, en faveur des foules qui meurent de faim. Alors il va les chercher jusque dans les rues les plus étroites, les plus insalubres; il découvre des misères poignantes qu'il s'empresse de soulager et d'attirer dans sa chapelle, où il organise une sorte de mission permanente. Puis, il convoque chaque jour les enfants du patronage et leurs parents à des réunions où ils sont instruits, et où ils emploient utilement les heures de loisir. Un certain nombre de gardes nationaux répondent à son appel. Les messes, les instructions aboutissent à des communions nombreuses, et comme les exigences de ce nouveau ministère dépassent de beaucoup la mesure de ses forces, il appelle à lui des prêtres qui s'associent à ses travaux, et qui marchent sur ses traces, électrisés par ses exemples.

Des régiments de mobiles bretons avaient été campés sur les boulevards, dans des baraques en bois. Après les exercices militaires, ils erraient dans la ville, désœuvrés et parfois entraînés au désordre. L'abbé Planchat se met en relations avec ces braves soldats qui avaient apporté de leur pays le trésor de la foi, et il s'efforce de leur conserver leurs pieuses pratiques. Ils se présentent à Sainte-Anne dans le courant de septembre. Un mois plus tard, quatre mille d'entre eux y étaient venus, et avaient reçu, avec un bon accueil, les conseils et les consolations dont ils avaient besoin. Combien d'entre eux que l'esprit du mal cherchait à pervertir ont été préservés des plus lourdes chutes !

Après leur départ, les réunions se continuèrent en faveur des bataillons de Saône-et-Loire, qui trouvèrent chez l'abbé Planchat des secours moraux tout à fait inespérés.

Muni du laissez-passer, délivré par les commandants, il visitait deux fois par semaine les bâtiments où logeaient les soldats. Une fois, il s'y rendait le matin, pendant les manœuvres, afin de causer avec les militaires indisposés ou malades. Il les ramenait avec lui à Sainte-Anne, et les conduisait à une petite ambulance qu'il avait improvisée, là ils étaient soignés, chauffés, réconfortés, et pouvaient séjourner plusieurs jours, si leur santé l'exigeait.

La seconde visite de la semaine s'adressait aux soldats valides, et avait pour but de les attirer à Sainte-Anne. Ils pouvaient lire, écrire, s'amuser ; on chantait des cantiques, on entendait une instruction et on priait. On se confessait si l'on voulait, on recevait à cet égard une invitation pleine de franchise et de cordialité, mais jamais personne n'était l'objet de la plus légère pression. La méthode de l'aumônier, fécondée par la grâce, produisit un mouvement religieux très prononcé. Chaque jour, il y avait dans la chapelle des communions d'ouvriers, de mères de famille, de militaires qui revenaient à Dieu : pendant la durée du siège, on y a compté plus de trois mille confessions.

Le zèle de l'abbé Planchat le conduisit encore aux avant-postes, surtout après les combats qui multipliaient les blessés et les mourants. Il emportait avec des remèdes pour les corps l'extrême-onction pour les âmes. Tout en cherchant les malades, il ne négligeait pas les bien portants. Ici ce sont des factionnaires qui se confessent, appuyés sur leurs fusils. Là, c'est un officier de marine, qui entraîne quatre marins à faire, comme lui, l'aveu de leurs fautes, en leur disant : Voyez-vous, mes amis, il faut pratiquer la religion, ne la laissons pas périr. Il ne faut pas que nos enfants soient des brigands. — Ailleurs, c'est un blessé qui accepte le ministère du prêtre avec empressement et ferveur ; il demande à baiser la Croix, il exprime sa reconnaissance, et il émet le vœu de revoir, avant de mourir, le bon curé qui lui a fait faire sa première communion. — Que je suis content de pouvoir m'adresser à un prêtre, dit un blessé de l'Aube! Il y a longtemps, hélas! que je ne me suis confessé, mais j'ai fait une bonne première communion. — Un soldat agonisait; une balle lui était entrée dans le ventre, et l'hémorragie s'était faite à l'intérieur. Il baisa la médaille affectueusement, et embrassa le Crucifix. Il avait commencé sa confession quand il s'interrompit pour dire :

— Mais je suis protestant.

— Ne vous troublez pas, reprit l'abbé Planchat. Demandez pardon au bon Dieu de vos péchés et regrettez en particulier de n'avoir pas été élevé dans la religion catholique. Il ajouta quelques paroles, lui donna l'absolution et peu après le jeune militaire entrait dans l'éternité.

Cependant les mois s'écoulaient; le siège de Paris traînait en longueur, et le règne impie de la commune révolutionnaire se préparait. Déjà ses agents, pleins de haine pour la religion, commençaient à la persécuter. La maison de Sainte-Anne, où s'accomplissaient tant de conversions, était un des points de mire de leurs attaques. Elle fut l'objet de cinq perquisitions différentes ; l'une d'elles faites au mois de novembre a été racontée par M. Planchat lui-même. Nos lecteurs liront ce récit avec l'intérêt qui s'attache aux actes des martyrs.

« Un jour, le portier accourt effaré.

— J'avais bien averti M. D. que la fermeture de la maison avait été décrétée au club du boulevard Charonne. Les voilà! deux cents hommes armés, et leur chef en tête!

L'aumônier se recommande à Dieu, et va au-devant du péril?

— Que désirez-vous de moi?

— Savoir pourquoi les mobiles viennent en foule ici.

— Quand vous donnez un ordre à vos

hommes, trouvez-vous mauvais qu'ils l'exécutent? Eh bien, je suis allé voir les commandants de divers bataillons de mobiles, qui se sont succédé dans les baraques de nos boulevards. Ils ont approuvé que leurs hommes vinssent ici. Vous avez entendu parler du brave commandant de Dampierre? Volontiers, j'en suis sûr, vous tomberiez comme lui au champ d'honneur. Eh bien, le successeur de ce héros est venu ici, mardi dernier, avec huit cents de ses hommes, assister à un service pour le comte de Dampierre. Il a ensuite visité la maison, les salles de jeux, la gymnastique. « Je suis enchanté, a-t-il dit, que mes hommes viennent ici. »

— Soit, pour la journée, si cela les amuse. Mais que viennent-ils faire, dans votre chapelle, dès six heures du soir?

— Prier, chanter, entendre une conférence, au lieu de fréquenter les mauvais lieux. — Cela plaît d'ailleurs à leurs chefs. Du reste, à peu près chaque fois des gardes nationaux assistent à nos réunions. Ils ont pu vous répéter ce que nous avons dit.

— Si vos sermons plaisent aux chefs des mobiles, ils ne nous plaisent pas à nous. Dans vos maisons il y a une devise qu'on retrouve partout : *Roi, Religion et Patrie.*

— Nous avons chanté le 4 septembre le *Domine, salvam fac rempublicam.*

— Vous l'avez chanté de bouche et non de cœur. Vous chantiez avant le *Domine, salvum fac imperatorem!*

— Comme vous, au *Te Deum* du 15 août.

Un garde national interrompit l'orateur :

— Un fusil au curé.

— Il faut bien quelqu'un dans les ambulances, pour vous soigner, si vous êtes blessés.

— Tous les séminaristes vont s'y cacher. Nous les en ferons sortir. Est-ce que nous n'avons pas nos femmes pour nous soigner ?

— En définitive, si vous n'êtes pas d'accord, vous les sédentaires et les chefs des mobiles, tâchez de vous entendre, et laissez-moi faire ma besogne.

— Je sens votre cuisine, dit un franc-tireur; elle me paraît excellente, tandis que, nous autres, nous ne mangeons que de la soupe à l'ail.

— Mon Dieu, si je me permettais de violer votre domicile, j'y trouverais sans doute l'équivalent du ragoût de cheval qui vous tente. En tout cas, si vous mangez mal, vous buvez bien, je m'en aperçois.

— Taisez-vous, dit le chef au franc-tireur qui l'avait interrompu, et vous, abbé Planchat, sachez que nous ne reconnaissons ni le général Trochu, ni les chefs de ses mobiles.

— Qui donc est le gouvernement ?

— C'est nous, dit un garde national, pris de boisson, qui avait peine à se tenir sur ses jambes.

— Votre gouvernement étant très chancelant, je ne reçois pas ses ordres.

Là-dessus, je fermai résolument ma porte, au nez du chef, qui avait paru perdre contenance au mot de *violation de domicile*. Il se retira avec une douzaine de baïonnettes; le reste des deux cents l'avait abandonné.

Le lendemain, j'appris que notre officier, qui ne vivait pas en état régulier, devait prochainement se marier à la mairie. Je me souvins aussi que, sur sa demande, deux ans auparavant, j'avais fait admettre chez les Frères, son fils âgé de dix ans.

Le jour suivant, dès l'aube, j'étais chez mon persécuteur.

— Me permettez-vous d'entrer? Je vous le demande; car je ne voudrais pas violer votre domicile. Naguère vous avez eu l'intention de me rendre un mauvais service, et vous m'en avez rendu un bon. Vous vous mariez demain, c'est bien à vous : mais peut-être n'avez-vous pas songé à l'Église. Je viens vous offrir mon aide et mes services. J'obtiendrai toutes les autorisations nécessaires.

— Monsieur l'abbé, si je suis venu violer votre domicile, c'est que l'on m'y a poussé. J'ai été baptisé, et j'ai fait ma première communion. Vous voyez que je ne suis pas si noir que vous croyez. J'accepte votre offre.

— Me donnez-vous votre parole ?
— De grand cœur.

En effet, le mercredi 9 novembre, à six heures du soir, je mariais ce brave homme dans la chapelle de Sainte-Anne : le lendemain sa femme venait communier à ma messe.

Près de cette chapelle se trouvait le siège d'un club infâme; c'était un foyer de colères, de haines, de calomnies et d'impiétés. Ses meneurs, au lieu d'aller combattre les Prussiens, préféraient s'attaquer aux religieuses, aux frères et aux prêtres. Le 18 mars 1871, le jour où leur parti s'empara du pouvoir à Paris, ils se présentèrent à la maison de Sainte-Anne, sous prétexte de découvrir quatre mille fusils, amassés dans un but hostile au nouveau gouvernement. Ils fouillent tous les bâtiments de la cave au grenier, ne trouvent rien, et se retirent.

Dix jours plus tard, ils se livrent à une nouvelle perquisition, afin de saisir une lettre écrite de Versailles.

Cette tentative n'a pas plus de succès que la précédente; mais elle réussit à troubler les exercices religieux, et inspire des craintes pour l'avenir. »

CHAPITRE V

Arrestation de l'abbé Planchat. — Mazas et la Roquette. — Le 26 mai 1871, l'abbé Planchat est fusillé en haine de la religion.

Cependant l'aumônier continuait ses œuvres; il préparait les enfants et les parents à la communion pascale. La retraite, ouverte le dimanche des Rameaux (2 avril) avait attiré un auditoire nombreux et recueilli.

Au dehors la situation devenait toujours plus grave. Dès le samedi, plusieurs prêtres avaient été arrêtés. Le lundi saint, Mgr l'Archevêque de Paris et ses vicaires généraux furent incarcérés. Le jeudi suivant, ce fut le tour de l'abbé Planchat. Des avis officieux l'avaient prévenu qu'en ce jour une arrestation serait opérée à Sainte-Anne ; on le priait d'accepter un asile dans le voisinage, mais il avait donné rendez-vous pour deux heures, à des personnes qu'il devait confesser, et il voulut rester à son poste pour ne pas manquer à sa parole. Dans la matinée, comme il distribuait des vêtements aux mères des enfants admis à la première communion, il arrive un commissaire de la commune, avec son secrétaire, tous deux armés d'un revolver. La maison est cernée, et l'abbé Planchat est conduit au bureau du commissaire, où il subit un premier interrogatoire. De là il est dirigé vers la mairie du vingtième arrondissement, et, à travers mille outrages, il traverse ce quartier où les bons tremblent, et où les méchants sont enivrés de leur puissance. Il marche la tête baissée, pardonnant à ses persécuteurs, et priant pour eux.

Il faisait un froid très vif; il passe une partie de la nuit dans une petite salle humide, dégoûtante, où l'on respire un air fétide. Plus tard, obéissant à un sentiment d'humanité, le chef du poste l'introduit dans un cabinet du corps de garde, où il peut du moins lire son bréviaire.

Le lendemain, ses confrères de Sainte-Anne lui envoient des aliments avec son manteau. Le concierge, chargé de cette mission, est arrêté, puis quelque temps après relâché. L'abbé Planchat est conduit à la Préfecture de police ; là, sans aucune des formalités protectrices des accusés, il est écroué avec vingt-cinq prêtres. Réunis d'abord dans la même chambre, ils expriment les sentiments d'affection réciproque dont leurs cœurs surabondent. Mais bientôt la consolation de la mutuelle édification leur est refusée : le nouveau venu est emmené dans la cellule qui lui est destinée. Ses confrères, brusquement enlevés à leurs travaux, n'avaient pas pris avec eux leur bréviaire. L'abbé Planchat seul avait le sien. Son heureuse mémoire savait la plupart des psaumes : il s'empressa de prendre des notes sur ce qu'il n'avait pas retenu, et il fit arriver à ses confrères le saint livre, en les invitant à le garder pendant plusieurs jours. Touchés de cette délicate attention et voyant combien son bréviaire était usé ainsi que ses vêtements, ils mirent leur bourse à sa disposition. Il refusa pour lui toute assistance; mais il accepta pour sa maison de Sainte-Anne, que sa disparition laissait au dépourvu.

Sa cellule est obscure, étroite, incommode : un lit de fer sans draps, une petite crédence et une table forment tout son mobilier; cependant il ne se plaint pas.

Il a pris pour devise : « faire ce que Dieu veut, se conformer entièrement, avec amour, à son bon vouloir. »

Le 13 avril, il fut transféré à Mazas, dans une des voitures réservées aux criminels. Il se soumettait à tout, avec douceur et résignation. Le sacrifice le plus douloureux pour lui, c'était d'être privé de célébrer la messe ; il faisait chaque jour l'oblation mentale du saint sacrifice, et déposait cette privation, avec les autres, au pied de la Croix. Il passait son temps à prier, à méditer, à écrire des lettres et des instructions de piété. Toujours occupé du salut des âmes, il adressait aux ouvriers, aux mères de famille, aux enfants, des exhortations touchantes, pour les décider à servir Dieu fidèlement. La première communion de Sainte-Anne le préoccupait constamment. Il offrait ses mortifications et ses souffrances pour qu'elle fût bénie. Il écrivait, pendant la retraite préparatoire, la lettre suivante :

« Chers enfants, je suis de cœur avec vous. A chaque heure du jour, je pense à ce que vous faites pendant votre retraite. De cinq heures du matin à neuf heures du soir, je prie pour vous, non pas que je sois à genoux pendant tout ce temps ; vous priez, en marchant, avec votre chapelet ; je fais souvent de même.

Le prisonnier, dans son étroite cellule, est comme l'oiseau dans sa cage. S'il veut prendre de l'exercice, il faut qu'il sautille de long en large. Même en marchant, je ne récite pas continuellement des prières ; mais, outre pas mal de chapelets et de psaumes, tout ce que je fais, je l'offre pour vous et pour notre pauvre ville de Paris.

Chers enfants, quand même, ce que je pense, car je connais votre bon cœur, vous auriez prié pour moi chaque jour, depuis notre séparation si triste, si inattendue; quand même vous auriez redoublé de prières, ce que je crois encore, pendant la retraite, ah ! je vous demande une chose de plus, une chose qui me consolera de ne pouvoir assister à votre première communion, quoique je l'aie bien désiré, tout en disant au bon Dieu : Que votre volonté soit faite !... Ce que je vous demande, mes chers amis, c'est de penser à moi au moment où, ayant reçu notre divin Maître, vous serez à genoux, à votre place, pour l'adorer. En ce moment, je ne vous demande pas de penser à moi le premier, ni même le deuxième, mais le troisième.

En ce moment-là, voyez-vous, chers amis, on obtient tout. Vous demanderez, par conséquent, en premier lieu, le bonheur d'aller au ciel, pour vous-mêmes ; ensuite, vous le demanderez pour vos parents, puis en troisième lieu, pour moi.

Et votre prison, Monsieur, me direz-vous ? — La prison, c'est la vie. Plus ou moins grande, la terre est toujours une prison. On n'y voit pas plus le bon Dieu et la sainte Vierge qu'à Mazas, dans sa cellule, on ne voit ses chers apprentis et ses jeunes ouvriers de Sainte-Anne. Cela ne veut pas dire que je vous défende de demander ma délivrance. — Oh ! si je pouvais bientôt, sans même vous voir, dire au moins, la messe pour vous, et pour tous ceux qui souffrent en ce moment ! Si je pouvais vous revoir, avant qu'aucun de vous ne soit arraché à ce bon patronage, où vous voulez toujours venir, je le sais bien ! — Vous pouvez demander cela, au jour de votre toute puissance, au beau jour de votre première communion, mais en ajoutant : Que la volonté de Dieu soit faite !... »

Parmi les grands enfants de Sainte-Anne, on distinguait un pieux jeune homme qui avait souvent accompagné l'abbé Planchat, quand il allait porter le bon Dieu aux malades. Il admirait la charité, dont il avait eu tant de preuves touchantes sous les yeux, et il était tendrement attaché à celui qui était le père de son âme.

Après l'arrestation, il se rendit à la Préfecture de police, et sollicita la faveur d'un laissez-passer, qui lui permît de porter des aliments au prisonnier. Il l'obtint, mais jamais il ne lui fut possible de le voir.

Il arriva un temps où le directeur de Sainte-Anne, à bout de ressources, n'eut presque plus rien à envoyer. Le cœur de l'enfant compléta l'alimentation. Sa mère, malgré l'exiguité de ses ressources, voulut y pourvoir. Lui-même prélevait sur ses repas, et se privait du nécessaire, sans rien dire à personne, afin de pouvoir porter davantage au bienfaiteur qu'il chérissait. Un jour, l'abbé Planchat, écrivant à la maison de Sainte-Anne pour remercier avec effusion, ajouta : « Si vous le pouvez, remplacez le vin par plus de lait. » Le directeur en ouvrant la lettre fut étonné de voir qu'il était question de lait. Il était alors très rare, très difficile à obtenir, il n'en avait jamais envoyé. C'était une délicate attention de l'enfant et de sa mère. Ils n'en avaient pas parlé !

Ce jeune homme si plein de cœur, ce si digne élève de l'abbé, termine ainsi sa relation :

« ..... Les trois derniers jours que M. Planchat fut à la Roquette, je ne pus lui apporter les provisions accoutumées. Toutes les rues étaient occupées militairement, et j'en éprouvai un grand chagrin. Quand on eut fini de se battre, je m'empressai de retourner au patronage, pensant y trouver notre bon père, rendu à la liberté ; mais, en route, je rencontrai des pauvres qui pleuraient, et qui me dirent : Ils l'ont fusillé, les misérables, ils l'ont fusillé ! et ils ne pouvaient se consoler. Pour moi, ce fut comme un coup de foudre. Je ne savais si je devais continuer ma route, ou retourner à la maison, tant j'étais troublé. Au fait, me disais-je, ils n'en sont peut-être pas sûrs, je vais finir de m'en assurer. Hélas ! cette douloureuse nouvelle n'était que trop vraie. Notre bon aumônier, notre père, avait été mis à mort par ces brigands, et nous ne devions plus le revoir en ce monde. »

La reconnaissance de cette âme d'élite ne périra pas. Elle conserve de son bienfaiteur un souvenir ineffaçable. Ses leçons et ses exemples sont pour elle, comme une sauvegarde, au milieu des difficultés et des tentations de la vie.

Dès qu'elle avait appris l'arrestation de son fils, madame Planchat, qui avait perdu son mari, était venue à Paris pour voir son cher enfant, l'entourer de sa vive affection, et chercher à obtenir sa mise en liberté. Elle avait réussi à pénétrer dans la prison, elle y portait les témoignages et les encouragements de sa tendresse maternelle. Puis, voyant combien les souffrances d'une réclusion, si contraire au tempérament de l'abbé Planchat, altérait sa santé, elle eut l'idée de le faire sortir de Mazas. Sur sa demande, le médecin de l'établissement n'hésita pas à lui délivrer un certificat, constatant la gravité de l'état du détenu, et la nécessité de sa translation dans une maison de santé. Elle avait le pressentiment qu'il était destiné au martyre, et qu'il ne sortirait de la prison que pour aller au ciel; mais, malgré cette persuasion, elle ne voulait perdre aucune chance de le conserver en ce monde. Elle adressa donc le certificat du médecin avec une supplique à un membre de la Commune, appelé Protot, qui était chargé du ministère de la Justice, et, comme il ne lui répondait pas, elle résolut d'aller le voir. Voici comment M. Meignen relate les paroles échangées entre elle et Protot.

« .... Après avoir longuement attendu dans les salons du ministère de la justice, qu'elle avait souvent fréquentés avec son mari, dans des circonstances bien différentes, elle finit par être introduite auprès du délégué, qui reçut, une casquette sur la tête et un cigare à la bouche, cette femme doublement respectable par l'âge et par le malheur.

— Ah ! je sais, s'écria Protot, vous venez réclamer votre calotin de fils.

— Oui, citoyen, il est prêtre, c'est vrai, mais c'est un bon républicain.

— Comment cela ? reprit le délégué, toujours fumant.

— Avez-vous rencontré dans Paris, un petit prêtre, au chapeau rouge, à la soutane rapée, aux souliers troués, la ceinture nouée autour du corps, portant sous le bras, des petits livres et des médailles qu'il distribue à tout le monde, très pauvre, parce qu'il donne tout aux pauvres, n'allant chez les riches que pour y chercher des aumônes, parcourant, par tous les temps, les plus lointains faubourgs, grimpant dans tous les greniers, visitant les malades, secourant les plus délaissés? Citoyen, si vous avez rencontré ce prêtre-là, eh bien, c'est mon fils!

— Les prêtres, nous ne leur voulons pas de mal. Qu'ils s'en aillent, et qu'ils nous laissent élever tranquillement la jeunesse, comme nous l'entendons; faire des hommes, en un mot, au lieu de les abrutir par leur religion.

— Permettez-moi, Citoyen, de vous demander comment vous comptez former la jeunesse républicaine, quand vous vous serez débarrassés des prêtres.

— Nous ouvrirons des écoles où les enfants apprendront les mathématiques, l'algèbre, la physique, l'astronomie, etc.

— Je vous approuve, Citoyen délégué ; cependant je vous engage à ajouter à toutes ces sciences admirables un petit livre qui apprendra à vos enfants à obéir aux lois de la République ; autrement, quand ils seront grands, ils pourraient bien travailler à la renverser. Or le meilleur livre qui apprenne aux enfants l'obéissance aux lois de leur pays, c'est le Catéchisme.

— Taisez-vous, vieille folle, et dépêchez-vous de vous en aller, ou je vous fais arrêter.

— Vous allez d'abord me donner l'ordre, pour le directeur de Mazas, de faire transférer mon fils dans une maison de santé. Vous avez, entre les mains, le certificat du médecin de la prison, qui le réclame d'urgence.

— Ceci ne me regarde pas; il faut s'adresser au comité de Sûreté générale.

— Je vous demande pardon. Si je réclamais la mise en liberté immédiate de mon fils, vous auriez raison de me renvoyer à la Sûreté. Mais il ne s'agit que d'un changement de prison, instamment demandé par le médecin; vous ne pouvez pas vous y opposer.

— Vous êtes une mère terrible; tenez, voici l'ordre que vous voulez. Allez chercher votre fils, et ne me parlez plus de ce calotin-là! »

L'abbé Planchat était mûr pour le ciel : Dieu ne permit pas que l'ordre de Protot prolongeât son existence ici-bas. Quand sa mère se présentait à Mazas, les otages étaient transférés à la Roquette. L'armée de Versailles entrait à Paris. Des barricades impossibles à franchir interceptaient les communications, puis les troupes empêchèrent rapidement toute relation avec les quartiers encore insurgés. Quand Mᵐᵉ Planchat put faire valoir le titre qu'elle avait si laborieusement obtenu, son fils était martyr, et le règne de la Commune était fini.

Des hommages de condoléance et de vive sympathie furent prodigués à Mᵐᵉ Planchat. Chez cette fervente chrétienne la foi dominait tous les sentiments de la nature. Quand on la plaignait, elle répondait :

— La mort de mon fils, un malheur ? Oh ! non, c'est un honneur qu'il faut dire. Ni pour lui, ni pour moi, je ne pouvais ambitionner une plus belle récompense. »

Entrée à Paris des troupes de Versailles. (p. 104.)

Quand les chefs de la Commune furent informés de l'arrivée des troupes à Paris, ils décidèrent deux mesures cruelles, barbares et impies : l'incendie de la capitale, et la mort des otages en haine de la Religion.

Le lundi 22 mai 1871, commença leur agonie. Pour l'abbé Planchat, elle devait durer cinq jours. Dès le 22, ordre fut donné d'exécuter immédiatement et sur place les prisonniers de Mazas. Mais le directeur ayant objecté qu'il serait inouï de faire une exécution dans une maison uniquement destinée à des prévenus, il fut prescrit de les transférer à la Roquette, prison des condamnés à mort.

Avant le départ, Notre-Seigneur était entré à Mazas pour devenir le viatique des prisonniers qui allaient supporter le dernier supplice par amour pour lui.

« La privation de la Sainte-Eucharistie

était vivement ressentie par les otages (1), et pendant ce jour qui fut pour plusieurs d'entre eux le dernier de leur vie, ils réclamèrent ardemment l'aliment divin. La Providence ne leur refusa pas cette sainte joie. Plusieurs religieux l'avaient déjà eue à Mazas par les moyens que nous allons dire. Une personne pieuse, que nous n'avons pas scrupule de désigner ici, puisque, malgré les efforts de sa modestie, son nom a été divulgué ailleurs, Mlle Delmas (2), directrice de l'établissement charitable, connu à Paris sous le nom de Maison des enfants délaissés, avait eu l'occasion de rendre service à plusieurs Pères Jésuites, pendant le temps de leur captivité, et elle s'y était employée avec un grand dévoue-

---

(1) *Histoire de la vie et des œuvres de Mgr Darboy*, archevêque de Paris; par S. E. le cardinal Foulon, archevêque de Lyon.

(2) En juin 1881, Mlle Delmas sortait de ce monde et recevait la récompense de ses vertus.

ment. Ils lui avaient dit à plusieurs reprises que leur peine la plus vive était de ne pouvoir communier, et elle avait cherché avec eux comment il serait possible de leur procurer cette grande consolation. L'ancienne discipline ecclésiastique, pendant les persécutions des premiers siècles, permettait à de simples fidèles de porter sur eux la Sainte-Eucharistie, de se communier eux-mêmes, ou de déposer les Saintes Espèces entre les mains des confesseurs de la foi, à l'approche de leur dernier combat, lorsqu'il n'y avait pas de clercs pour remplir cet office. La persécution de la Commune, qui semblait faire reculer l'histoire de l'Eglise jusqu'au temps des catacombes, rendait de nouveau nécessaire l'emploi de ces moyens extraordinaires. C'est ainsi qu'en jugèrent, et avec raison, des religieux que consulta Mlle Delmas, fort troublée de la sainte mission qu'on la jugeait digne de remplir. Après s'être assurée des intelligences à l'intérieur de la prison de Mazas, elle fit déposer par un prêtre, dans une boîte à lait en fer-blanc, à double fond, et avec toutes les précautions nécessaires, un nombre d'hosties consacrées, suffisant pour que tous les otages pussent communier. Deux jours avant leur transfèrement à la Roquette, accompagnée seulement d'une personne de confiance, elle partit, munie de ce précieux dépôt, et parcourut, non sans péril, le long chemin qui mène de la rue Notre-Dame-des-Champs à la prison cellulaire. Le chemin était hérissé de barricades, et, aux approches du boulevard Mazas, tout sillonné de projectiles. Le Père Ducoudray, averti de l'heure de Mlle Delmas, reçut de ses mains la boîte qui contenait les Saintes Espèces. Chacun des Pères portait sous ses vêtements un sachet de toile; ils y renfermèrent les hosties consacrées. »

Le trajet de Mazas à la Roquette fut bien pénible pour les prisonniers montés dans des voitures de déménagement. Ils étaient entourés d'une foule exaspérée d'hommes, de femmes, à figure sauvage, qui ressemblaient à des tigres altérés de sang. Les otages étaient abreuvés d'injures et de cris de mort. On avançait très lentement, on marchait au pas, et on laissait ainsi les détenus, toujours calmes et résignés, épuiser, jusqu'à la lie, le calice d'amertume. M. Planchat s'était placé le dernier à droite, à côté de M. Allard. Il confessa le Père Olivaint, et il y eut encore d'autres confessions.

La journée du mardi fit contraste avec les émotions de la veille.

Dès huit heures du matin, on put sortir de ses cellules et s'entretenir les uns avec les autres.

« Avec quelle effusion de cœur, dit l'abbé

Perny, et quelle tendre charité tous ces condamnés à mort s'embrassèrent !... Bon nombre d'entre nous ne se connaissaient pas ; mais les douleurs d'une même captivité produisirent, incontinent, un lien étroit d'affectueuse amitié entre nous tous.

» Vers neuf heures, on nous fit rentrer dans nos cellules.... De là, nous entendions, avec une profonde douleur, la bataille qui se livrait dans divers endroits de la ville. L'écho violent et répété du canon, le sifflement aigu et continuel des obus tombant avec fracas, les incendies qui se manifestaient de différents côtés, tout annonçait l'heure de la lutte suprême entre la Commune et l'armée régulière. Il ne fallait aucun effort d'esprit pour se sentir sous la main de Dieu. On commençait à compter son existence par les minutes qui s'écoulaient.... Vers midi, on nous accorda de nouveau la récréation en commun. Les otages ecclésiastiques furent réunis dans le même préau. Chacun s'empressa autour de Monseigneur l'Archevêque, qui se montra aimable à tous, malgré les grandes souffrances corporelles qu'il ressentait.... On se prodiguait mutuellement les consolations et les secours de la religion. Je me plaisais à contempler le spectacle de tous ces otages, condamnés à une mort qui me semblait certaine. Quelle dignité, quel calme, quelle résignation aux desseins du ciel! Chacun d'eux avait un doux sourire sur les lèvres. La dure captivité ne semblait peser à personne. »

Ces appréciations s'appliquaient à l'abbé Planchat comme à ses confrères; mais on a recueilli, sur son compte, quelques renseignements précieux. Ainsi, on sait qu'à la Roquette sa cellule se trouvait placée entre celles du Père Houillon, picpucien, et de M. l'abbé Seigneret. Chaque matin, il faisait à haute voix la méditation avec son jeune voisin. Il en était de même pour les prières et les pieuses lectures.

Le mardi 22, les saintes hosties, apportées la veille de Mazas, furent distribuées à tous les prêtres. Chacun eut soin de s'en réserver une parcelle pour communier en viatique au moment de la mort. En ce jour, notre martyr fit une nouvelle confession, et il écrivit plusieurs lettres. Celle qu'il adresse à un Frère de Saint-Vincent de Paul indique que son sacrifice était fait, et qu'il s'attendait, d'un moment à l'autre, à subir le dernier supplice. Il parle de ses dettes *charitables*, les seules qu'il va laisser après lui, et il compte sur la bonté de son excellente mère pour les acquitter. Il sollicite des prières de chacun, et spécialement de son vénéré Supérieur; il demande pardon des fautes dont il a pu se rendre coupable, et il recommande encore ses chers enfants de Sainte-Anne. « Faites, dit-il, à eux et à tous le plus de bien que vous pourrez : la récompense là-haut est infinie ! »

Le mercredi 24, six otages sont immolés, et sortent de ce monde pour aller recevoir une sentence favorable du souverain Juge.

Ce sont : Mgr Darboy, archevêque de Paris, M. l'abbé Deguerry, curé de La Madeleine ; M. Bonjean, premier président : le P. Ducoudray, supérieur de l'Institution Sainte-Geneviève ; le P. Clair, professeur de cette maison ; M. l'abbé Allard, aumônier des ambulances.

Le jeudi 25, l'abbé Planchat, qui ne se lasse pas de travailler pour Dieu et pour son prochain, confesse un fédéré qui devait être fusillé avec lui ; il le console et le prépare à la mort.

Il dispose aussi plusieurs laïques à paraître chrétiennement devant Dieu. On cite, entre autres, un garde national dont la vieillesse et la misère appelaient un intérêt spécial. Il s'occupe même des gardes républicains qui se trouvent pendant la récréation sous ses fenêtres : il passe sa main à travers les barreaux de sa cellule, fait le signe de la Croix, et les absout conditionnellement. Rien ne peut diminuer l'ardeur de son zèle. A chaque instant, il est menacé de mort, et il s'occupe encore de sauver les âmes!

Enfin le vendredi, 26 mai 1871, l'abbé Planchat fut martyrisé!

Cette fois la liste des victimes s'élevait à quarante-sept, parmi lesquels on comptait dix prêtres. Avec l'abbé Planchat se trouvaient le P. Olivaint, supérieur de la Compagnie de Jésus, à la maison de la rue de Sèvres; le P. Caubert, procureur de cette maison; le P. de Bengy, de la même Compagnie, aumônier de l'armée ; le P. Radigue, prieur de la maison de Picpus ; le P. Rouchouze, secrétaire général de cette maison ; le P. Tuffier, procureur général et le P. Tardieu, membre du conseil de Picpus ; l'abbé Sabattier, vicaire de Notre-Dame-de-Lorette, M. Paul Seigneuret, séminariste de Saint-Sulpice.

A l'appel de son nom, qui fut mal prononcé, l'abbé Planchat répondit d'une voix ferme : présent. « Je le vis quitter sa place, dit M. l'abbé Taurel, tête nue, tenant toujours son chapeau sous le bras. Je le vois encore avec son large front chauve, sa figure allongée par la souffrance : aucune émotion ne se manifestait sur sa physionomie. »

Les grilles de la prison s'ouvrent, les condamnés se placent au milieu de deux rangs formés par les fédérés ; ils marchent escortés par un cortège d'environ deux mille forcenés, ivres, furieux, qui ne cessaient de crier, de menacer, et de vomir les injures les plus grossières. Le trajet dura deux heures. Il y eut un temps d'arrêt à la mairie de Belleville. Dans ce quartier, des habitants ont le courage de manifester hautement leur réprobation ; mais les voix de leur indignation sont couvertes par les clameurs sauvages des criminels qui se disputent à qui va faire les exécutions : leurs outrages ne parviennent pas à émouvoir les martyrs.

Ils savent qu'ils servent un Maître infiniment bon, souverainement fidèle dans ses promesses ; ils savent qu'ils triompheront dans la mort, et que les assassins vont leur ouvrir les portes du ciel.

Pendant le trajet, l'abbé Planchat marche les yeux baissés, profondément recueilli, renouvelant à Dieu le sacrifice de sa vie.

On arrive rue Haxo, n° 85. Là était

l'emplacement choisi pour être le théâtre de l'exécution. Il se compose de deux cours : dans la première entrent les otages avec le peloton des fédérés. — Les assassins, au nombre de deux cents, qui ont été acceptés pour frapper les victimes, sont placés dans la deuxième cour. A mesure qu'elles passent par la petite porte qui sépare la première de la seconde cour, les bourreaux déchargent leurs armes et les massacrent.

Les martyrs sont mis à mort, d'abord trois ou quatre ensemble pour la première fois, puis un à un jusqu'au dernier. Ils avaient la douleur d'assister aux convulsions et à l'agonie de leurs devanciers dans la mort.

Selon l'expression du vénérable abbé Perny, ancien missionnaire en Chine, les supplices les plus cruels des sauvages païens étaient bien moins barbares que ceux des hommes de la Révolution et des athées du XIXe siècle.

Les cadavres restèrent exposés sur la terre où ils étaient tombés jusqu'au lendemain. Le samedi 27, ils furent jetés pêle-mêle en une fosse creusée dans la cour de l'exécution.

Le lundi 29 mai, vers la fin du jour, les parents et les amis des victimes venaient près de cette fosse, et M. l'abbé Raymond, vicaire de Belleville, présidait à l'exhumation, M. l'abbé Lantier et M. Maurice Meigneu, Frères de Saint-Vincent de Paul, recherchèrent les précieux restes de M. l'abbé Planchat. Ils étaient entourés d'enfants du patronage de Sainte-Anne, et de pauvres femmes de Charonne, attirés par la douleur et la reconnaissance.

Le corps fut retrouvé, revêtu de sa soutane; les marques de son linge et les détails de ses vêtements ne permirent aucun doute sur son identité. Il était très défiguré, la partie postérieure de sa tête avait été fracassée, mais les yeux étaient ouverts, et chacun de ceux qui le voyaient disait : « Il est mort en regardant le ciel. »

Dès qu'ils l'aperçurent, les enfants et les mères le reconnurent, et se mirent à pleurer. Il y avait, entre autres, un jeune homme, dont on ne pouvait calmer le désespoir : on lui laissa prendre la ceinture du martyr, teinte de son sang : il l'a conservée comme une relique.

Le corps de l'abbé Planchat fut transporté dans l'église de Vaugirard ; et le 31 mai, on y célébrait un service solennel. La veille, M. le Curé avait prononcé, au mois de Marie, le panégyrique de celui qu'on avait eu l'irréparable malheur de perdre ; et, à la messe, la paroisse était remplie de fidèles recueillis. L'absoute fut faite par M. l'abbé Petit, secrétaire général de l'Archevêché, dont la mémoire est restée si chère à ceux qui ont eu le bonheur de le connaître. Il avait subi, comme otage, une longue captivité, et il n'avait échappé à la mort que par l'entrée à Paris des troupes de Versailles.

L'inhumation eut lieu dans une fosse provisoire du cimetière. Puis, dès qu'on eut obtenu les autorisations nécessaires, le cercueil fut déposé dans la Maison-mère des Frères de Saint-Vincent de Paul, à Vaugirard. Le 16 Juin 1871, en la fête du Sacré-Cœur, pour lequel l'abbé Planchat avait une tendre dévotion. Un caveau avait été creusé dans la chapelle de la Maison et le cercueil y fut renfermé avec un affectueux respect.

Depuis cette date, la tombe a reçu de nombreux visiteurs. Elle est ornée de couronnes, de souvenirs. Elle a provoqué, elle provoque encore de ferventes prières.

Insigne bienfaiteur des enfants, des apprentis, des pauvres et des ouvriers, vous qui leur avez tant donné, et qui êtes vraiment leur ami, parce que vous avez puisé votre admirable dévouement dans le Cœur de Jésus-Christ, c'est-à-dire à la source de l'amour pur et généreux, en terminant l'humble esquisse de votre belle vie, nous vous remercions des heures que nous avons passées dans votre édifiante société. Avec le secours de votre assistance près de Dieu, nous conserverons de vos exemples une salutaire impression, et nous garderons fidèlement le souvenir de vos vertus.

Au ciel, où vous avez reçu la récompense de vos vaillants combats, vous prierez pour ceux que vous avez tant aimés ici-bas : en leur nom, je vous rends grâces du bien que vous continuerez à leur faire.

Vous avez été le premier prêtre, vous êtes le premier martyr de votre Congrégation. Vous lui avez voué un attachement impérissable, et vous intercédez pour elle avec une chaleureuse ardeur. Elle en est profondément reconnaissante. Puisse-t-elle correspondre avec une constante fidélité aux grâces que vous lui attirez ! Puisse-t-elle obtenir que ses œuvres se multiplient, et produisent toujours des fruits plus nombreux de salut ! Puissent tous ses membres, et tous ceux qui ont travaillé de concert avec vous, vous revoir un jour, là où l'on se retrouve pour ne plus se quitter !

FIN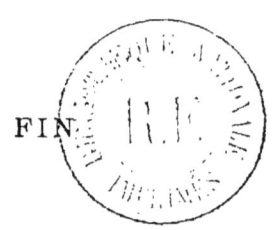

TABLE DES MATIÈRES

	Pages.
Préface	v
Chapitre i. — Naissance, famille, enfance, éducation d'Henri Planchat	7
Chapitre ii. — Études littéraires de l'abbé Planchat. — Ses cours de droit. — Ses cours de théologie. — Son ordination. — Son entrée dans la Congrégation des Frères de Saint-Vincent de Paul. — Ses œuvres à Grenelle et à Montmartre.	16
Chapitre iii. — L'abbé Planchat à Metz et à Arras. — Rappelé à Paris, il est nommé aumônier du patronage Sainte-Anne. — Travaux nombreux et féconds	32
Chapitre iv. — Œuvres de l'abbé Planchat pendant la guerre. — Perquisitions à la Maison de Sainte-Anne.	56
Chapitre v. — Arrestation de l'abbé Planchat. — Mazas et la Roquette. — Le 26 mai 1871, l'abbé Planchat est fusillé en haine de la religion.	70

— Lille. Typ. J. Lefort. 1892.

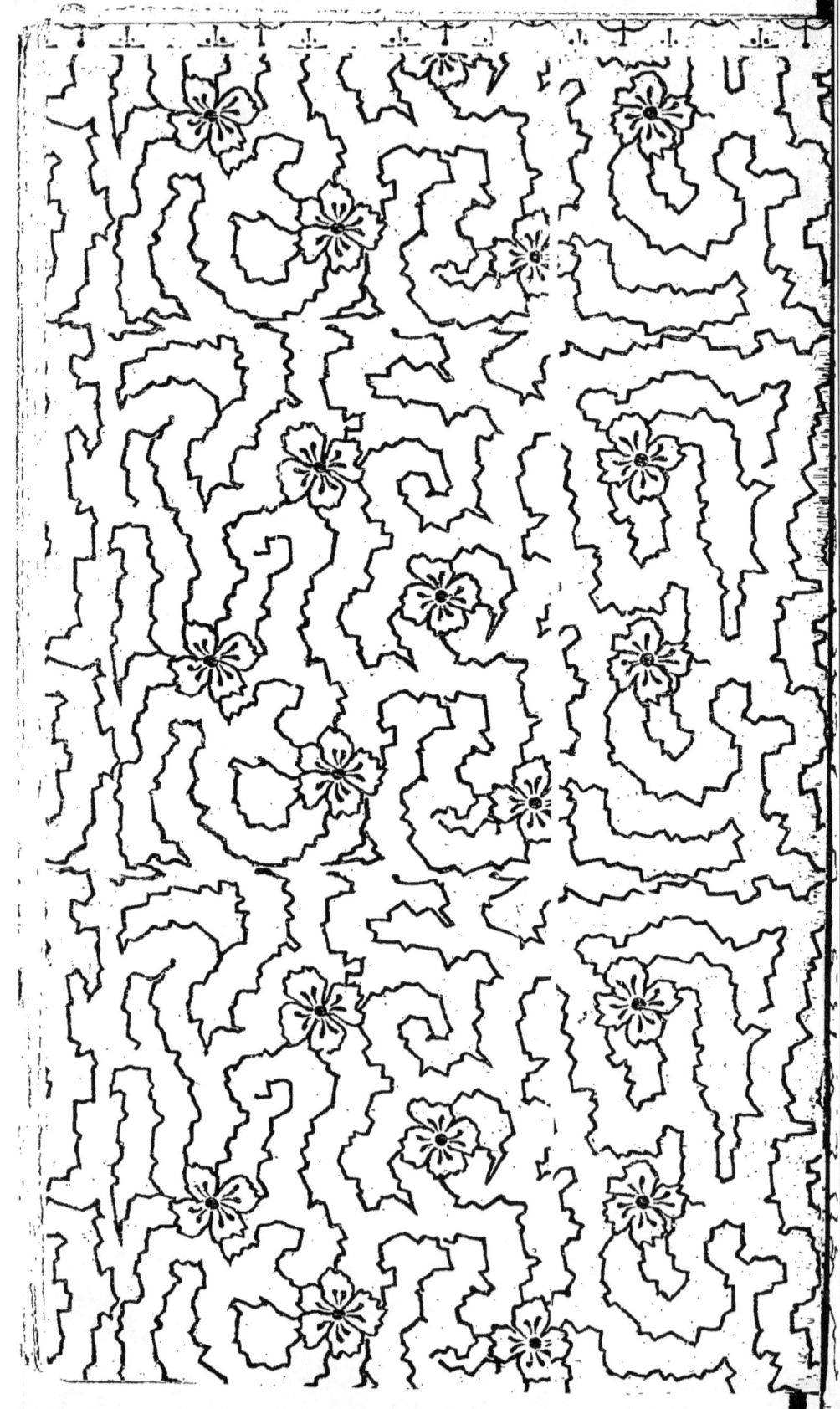

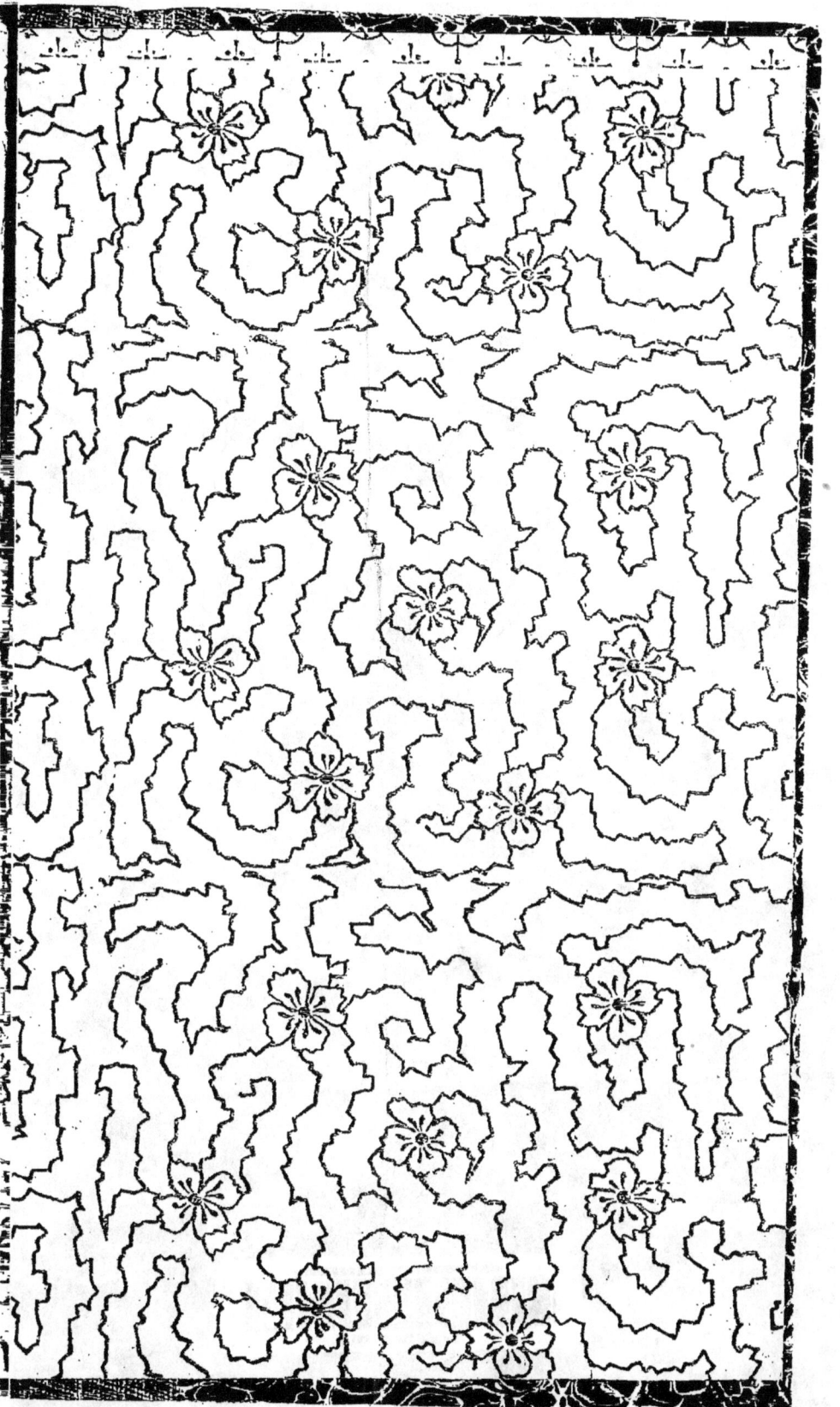

www.ingramcontent.com/pod-product-compliance
Lightning Source LLC
Chambersburg PA
CBHW070527100426
42743CB00010B/1984